Analyse de l'œuvre

Par Daphné de Thier
et Pauline Coullet

Vendredi ou les Limbes du Pacifique

de Michel Tournier

lePetitLittéraire.fr

Rendez-vous sur lepetitlitteraire.fr et découvrez :

Plus de 1200 analyses
Claires et synthétiques
Téléchargeables en 30 secondes
À imprimer chez soi

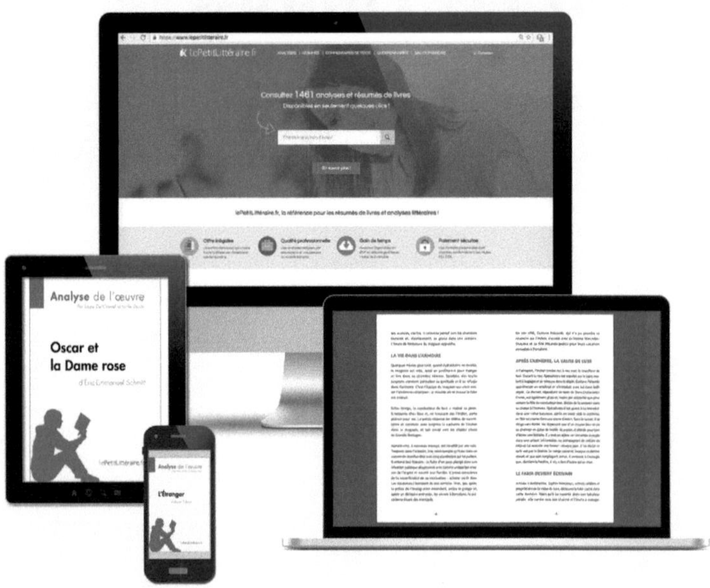

MICHEL TOURNIER

ÉCRIVAIN FRANÇAIS

- **Né en 1924 à Paris**
- **Décédé en 2016 à Choisel (Yvelines)**
- **Quelques-unes de ses œuvres :**
  - *Le Roi des aulnes* (1970), roman
  - *Vendredi ou la Vie sauvage* (1971), roman
  - *Les Météores* (1975), roman

Michel Tournier est un écrivain français né en 1924 à Paris. Il commence sa carrière comme traducteur et journaliste à la radio ; il collabore avec des journaux comme *Le Monde* ou *Le Figaro*. En 1967, il publie son premier roman, *Vendredi ou les Limbes du Pacifique*, qui reçoit le Grand Prix du roman de l'Académie française. En 1970, il gagne le prix Goncourt pour son récit *Le Roi des aulnes*. Il devient membre de l'Académie française en 1972 et se retire à la fin de l'année 2010. Pendant tout ce temps, il continue à publier des romans, mais aussi des contes, des nouvelles et des essais.

Le style de Tournier est influencé par la littérature allemande, notamment Günter Grass (écrivain et artiste allemand, 1927-2015), dont les romans proposent une nouvelle lecture de l'Histoire, empreinte de légendaire. L'œuvre de Tournier oscille entre réalisme et fantastique ; il se plait à réécrire des évènements historiques, mythiques ou religieux, comme l'histoire des rois mages dans *Gaspard, Melchior et Balthazar* (1980), celle de Barbe bleue dans *Gilles et Jeanne* (1983), etc.

VENDREDI OU LES LIMBES DU PACIFIQUE

ROBINSON OU L'EXPÉRIENCE DE LA SOLITUDE

- **Genre :** roman
- **Édition de référence :** *Vendredi ou les Limbes du Pacifique*, Paris, Gallimard, coll. « Folio », 1972, 288 p.
- **1re édition :** 1967
- **Thématiques :** naufrage, ile, civilisation, survie, solitude, espoir

Vendredi ou les Limbes du Pacifique est le premier roman de Michel Tournier, publié en 1967. Il raconte l'histoire de Robinson Crusoé, seul rescapé d'un naufrage, qui doit apprendre à survivre sur une ile déserte avant d'être rejoint par Vendredi, un Indien qu'il sauve de ses congénères.

Ce roman est une réécriture de l'histoire de Robinson Crusoé, publiée par Daniel Defoe (aventurier, commerçant et écrivain anglais, vers 1660-1731) en 1719. Le souhait de l'auteur est de faire ressortir l'aspect philosophique de cette légende populaire en concentrant son récit sur la relation entre les deux personnages principaux : Robinson et Vendredi.

En 1971, Michel Tournier publie une version simplifiée destinée aux enfants, *Vendredi ou la Vie sauvage*, qui devient un classique scolaire et est traduit dans le monde entier.

RÉSUMÉ

LE NAUFRAGÉ

L'histoire commence le 29 septembre 1759 à bord du navire *La Virginie*. Tandis que le capitaine Van Deyssel joue au tarot avec Robinson, un jeune Anglais de 22 ans qui souhaite faire fortune en Amérique, une tempête fait rage. Tout à coup, le navire fait naufrage et est submergé par l'eau.

Lorsque Robinson se réveille seul sur une plage, il voit *La Virginie* fracassée sur la grève et décide d'explorer l'ile. Pendant son investigation, il se retrouve face à un bouc sauvage qu'il tue, poussé par la peur. Ensuite, en sortant de la forêt, il découvre une grotte. Parvenu au sommet de l'ile, il se rend compte qu'il s'agit d'un endroit inhabité ; il le surnomme alors « l'ile de la désolation ». Revenu sur la plage, Robinson allume un feu pour attirer les bateaux et attend des sauveteurs pendant plusieurs jours. Enfin, comprenant que personne ne viendra, il se décide à fouiller *La Virginie*, où il découvre, parmi d'autres biens, de nombreux tonneaux d'explosifs qu'il ramène à terre. Il trouve également Tenn, le chien du navire. Effrayé, ce dernier s'enfuit à sa vue et ne réapparait que quelques jours plus tard.

Déterminé à ne pas rester éternellement sur l'ile, Robinson décide de construire une embarcation au nom évocateur, *L'Évasion*. Il travaille d'arrachepied pour terminer son projet. Alors, pour s'occuper et trouver du réconfort lorsqu'il n'est pas à la tâche, cet homme très pieux lit une bible trouvée sur *La Virginie*. Or, lorsque son embarcation de fortune est enfin terminée, il se rend compte qu'il n'arrivera pas à l'amener jusqu'à l'eau. Découragé, il se laisse dépérir et tombe dans la souille : il mange à même le sol et passe son temps assoupi dans la vase. Son état se dégrade peu à peu au point qu'un jour, il croit apercevoir un navire qui s'approche de l'ile avec, à son bord, sa sœur morte. Il réalise alors qu'il commence à devenir fou et décide de reprendre son destin en main.

Il explore donc l'ile méthodiquement et décide de s'installer en rangeant les affaires de *La Virginie* dans la grotte. Il commence également à écrire un journal sur les pages de livres dont les textes ont été effacés par l'eau de mer : le contact avec l'écriture lui permet d'organiser sa pensée et il n'est plus victime d'hallucinations.

Il commence un calendrier et dresse une carte de l'ile dont il réalise que les contours dessinent une forme féminine. Il décide alors de l'appeler Speranza (Espérance). Il s'emploie ensuite à s'organiser : il laboure une prairie, fait ses premiers semis et commence un cheptel de chèvres sauvages. Ainsi, souffrant de la solitude, il combat ses envies de souille par le travail. Lorsqu'il fait la première moisson de blé et d'orge, il décide de ne pas consommer cette première récolte pour la semer plus tard, ce qui lui permet de faire d'énormes provisions de vivres. Le chien Tenn revient vers lui et se laisse apprivoiser.

Par la suite, Robinson se décide à construire une maison qu'il associe à tout un cérémonial : il ne peut y rentrer qu'à certains moments et dans une tenue précise. Il confectionne une horloge à eau (clepsydre) pour compter les heures, et un conservatoire des poids et mesures. Ainsi, il parvient petit à petit à rendre à sa vie sauvage un aspect structuré, organisé et civilisé. Le millième jour sur l'ile, il écrit une charte et un code pénal en s'autoproclamant gouverneur de Speranza.

Par la suite, il remarque de la fumée blanche qui s'élève d'une plage et découvre une quarantaine d'Indiens venus sur l'ile pour accomplir un rite. Au cours de celui-ci, une sorcière désigne l'un d'eux pour le sacrifier : il est tué, coupé en morceaux et jeté dans le feu. Face à cette menace, Robinson s'autoproclame général de l'ile et dissémine des systèmes de défense. Peu après, il fait son premier pain (signe de civilisation) avec la nouvelle récolte de blé, ce qui le bouleverse et lui rappelle des souvenirs d'enfance.

Il entoure toute sa vie de cérémonials, suit un emploi du temps précis, s'imposant le jeûne le vendredi, le repos le dimanche, etc. Cette existence simple et la satisfaction de l'effort exacerbent sa foi chrétienne. Ses règles se font de plus en plus strictes, et il n'hésite pas à s'infliger des peines. Un jour, alors que la clepsydre s'arrête, il découvre qu'il peut ainsi suspendre le temps. Cette idée lui permet d'équilibrer les moments de labeurs et de loisirs.

Robinson découvre, au fond de la grotte, une crypte avec une alvéole qui épouse parfaitement la forme de son corps. Il y goute la paix et, installé en position fœtale, se sent dans l'intimité de Speranza comme dans un utérus. Mais, le jour où il y laisse échapper sa semence, il décide de ne plus y aller, horrifié de cette sorte d'inceste. Il se lance plutôt dans la construction complexe d'une rizière. Plus tard, il partage l'intimité de l'ile en faisant l'amour avec un arbre. Cette liaison (véritable à ses yeux) dure plusieurs mois avant de s'arrêter brutalement, lorsqu'il se fait piquer le sexe par une araignée.

Après des mois de travaux, Robinson met enfin la rizière en activité, mais, en la contemplant, il réalise qu'il a énormément travaillé pour quelque chose de peu utile (elle est bien trop grande pour lui seul). Tout lui parait alors vain. Il s'enfuit et se retrouve dans une prairie rose qui ressemble à un corps de femme, la combe rose. Il fait l'amour avec la terre et revient souvent s'accoupler avec elle : Speranza devient son épouse. Plus tard, il découvre qu'à l'endroit où il a ensemencé le sol poussent de nouvelles plantes, des mandragores, fruits de ses amours avec Speranza.

VENDREDI

Quelque temps plus tard, les Indiens reviennent faire leur cérémonie sur la plage. L'un d'eux est désigné pour être la victime, mais il s'enfuit. Robinson tue alors accidentellement l'un de ses poursuivants, tandis que les autres, effrayés, prennent la fuite à leur tour. Le naufragé recueille le fugitif, un jeune garçon d'environ 15 ans qu'il nomme Vendredi, car c'est le jour où il l'a sauvé. À deux, ils vont voir *L'Évasion*, mais l'embarcation a été réduite en miettes par les termites.

Robinson redevient l'administrateur de l'ile et soumet Vendredi à tous ses ordres. Il veut lui inculquer les règles de la civilisation, mais ne parvient pas à chasser totalement l'instinct naturel de Vendredi. Une nuit, la combe rose manque à Robinson : il va la rejoindre en laissant son nouveau compagnon seul pour la première fois.

Au matin, Vendredi remarque que Robinson est parti. Il en profite pour enfin faire ce qu'il veut, comme déguiser un cactus avec les vêtements de Robinson. Il part ensuite se balader avec Tenn et, pour sauver le chien qui s'est mis en difficulté, il vide la rizière, détruisant la récolte à venir. Lorsque Robinson revient, il découvre que l'Indien est parti. Après deux jours d'absence, il décide de se lancer à sa recherche et le retrouve dans son repaire, garni d'objets étranges. Il s'inquiète, car Vendredi respecte de moins en moins son autorité. Une autre nuit, en se rendant à la combe rose, Robinson découvre qu'une nouvelle sorte de mandragore a poussé. Il se demande si c'est en rapport avec Vendredi et s'interroge sur la nature humaine et la subjectivité des êtres.

Mais, au fur et à mesure que les jours passent, il est de plus en plus en colère contre Vendredi. En effet, il a du mal à l'éduquer comme il le voudrait et trouve certains de ses comportements choquants. Un jour, il le découvre en train de faire l'amour avec sa combe rose : c'est donc bien de sa semence que proviennent les nouvelles mandragores. Il se met alors à le battre de toutes ses forces et se retient de le tuer. Dès lors, il décide de ne plus jamais y retourner. La lecture de la Bible le calme toutefois.

Un jour, Vendredi fume la pipe de Robinson en cachette dans la grotte. Lorsqu'il entend son maitre revenir, Vendredi jette précipitamment la pipe, qui tombe dans les tonneaux de poudre, ce qui déclenche une énorme explosion : Tenn est tué. Après la déflagration, Robinson et Vendredi regardent ce qu'il reste de leurs affaires. Un arbre tombe soudain sur Robinson, mais il est sauvé par l'Indien. Comme tout ce qu'il avait construit est détruit, Robinson s'adapte à la vie de son compagnon. Il redécouvre son corps et l'oisiveté, et savoure l'instant présent. Il est désormais sur un pied d'égalité avec Vendredi.

Un jour, l'Indien affronte un gros bouc et parvient à le tuer. Il promet mystérieusement à Robinson de le faire voler et chanter. Pour ce faire, il construit un cerf-volant avec la peau de l'animal et une harpe éolienne avec son crâne. Robinson aime la symphonie produite par la harpe et se met à jouer avec le cerf-volant, le faisant danser dans le ciel. Il admire de plus en plus Vendredi et voudrait lui ressembler.

Désormais égaux, les deux compères décident d'une nouvelle façon de gérer leurs disputes : plutôt que d'en venir aux mains, ils créent chacun un double de l'autre, une sorte de mannequin sur lequel ils peuvent se venger et se défouler. Plus tard, Robinson retrouve son journal et Vendredi lui fournit de l'encre, ce qui lui permet de reprendre la rédaction de ses réflexions. De plus, Robinson se sent purifié par le soleil et lui voue désormais un culte.

Quelque temps plus tard, un navire accoste sur l'ile. Robinson rencontre le commandant, qui l'invite à manger avec lui et lui donne des nouvelles du monde. Il apprend qu'il est sur l'ile depuis 28 ans. Alors que Vendredi est heureux de monter à bord, Robinson est plutôt réticent en découvrant la sauvagerie des matelots – ce sont des brutes qui s'amusent à mutiler les arbres et à massacrer les chèvres au hasard. Il décide de rester sur Speranza, où il est finalement plus heureux. Robinson et Vendredi retournent sur l'ile, mais l'Indien rejoint le navire en secret pendant la nuit.

Le bateau repart le lendemain matin. Robinson est déses-
péré de se retrouver seul et veut rejoindre l'alvéole dans la
grotte pour y mourir. Mais, en chemin, il rencontre le petit
mousse du navire qui s'est enfui du bateau, car il y était
maltraité. Robinson lui montre l'ile et le soleil éclatant. Il
décide d'appeler son nouvel ami Jeudi.

ÉTUDE DES PERSONNAGES

ROBINSON CRUSOÉ

Robinson Crusoé est un jeune Anglais de 22 ans né à York le 19 décembre 1737. Il est parti en Amérique pour tenter de faire fortune en laissant seuls sa jeune épouse et ses deux enfants. Il a une personnalité droite et austère, et accorde beaucoup d'importance à la religion et au travail. Ces traits de caractère proviennent sans doute de son enfance passée au sein des quakers, un mouvement religieux puritain dérivé de l'Église anglicane.

Il n'est pas à l'aise avec son corps, car il a beaucoup souffert du fait d'être roux. Le capitaine de *La Virginie* le décrit ainsi au début de l'histoire :

> « Vos cheveux ras, votre barbe rousse et carrée, votre regard clair, très droit, mais avec je ne sais quoi de fixe et de limité, votre mise dont l'austérité avoisine l'affection, tout cela vous classe dans l'heureuse catégorie de ceux qui n'ont jamais douté de rien. Vous êtes pieux, avare et pur. » (p. 8)

Échoué seul sur une ile déserte après le naufrage du navire, Robinson sombre d'abord dans le désespoir avant de se lancer dans le travail et d'organiser sa vie pour garder un semblant de civilisation. Il recueille ensuite Vendredi, un Indien qui détruit par accident tout ce qu'il a construit. Le personnage s'adapte alors à la vie sauvage. Son séjour sur l'ile et l'influence de son compagnon vont peu à peu le transformer et le libérer des carcans qui l'entravent depuis l'enfance, si bien que lorsqu'un bateau aborde enfin l'ile,

28 ans après la catastrophe, Robinson décide de rester sur ce petit bout de terre, loin de la vie civilisée.

VENDREDI

Vendredi est un jeune Indien qui faisait partie d'une tribu araucanienne (originaire du Chili) venue sur l'ile de Robinson pour procéder à une cérémonie expiatoire. Désigné comme victime, il s'enfuit avant d'être sauvé par Robinson. Depuis, il est totalement soumis à celui-ci et obéit à ses ordres sans poser de questions. Celui qui est à présent son maitre tente alors de le civiliser, afin qu'il quitte son état de nature.

Il n'abandonne cependant pas son esprit sauvage et fait souvent des bêtises qui irritent Robinson. Il est particuliè-rement rieur et insouciant, ce que le jeune Anglais met sur le compte de sa jeunesse : « Je serais étonné qu'il ait plus de quinze ans – compte tenu de l'extrême précocité de ces races inférieures – et son enfance le pousse à rire insolemment de mes enseignements. » (p. 147)

Vendredi est attiré par tout ce qui est éolien : il crée notam-ment un cerf-volant et une harpe éolienne avec le cadavre d'un bouc. Fou de bonheur en voyant les voiles du navire qui aborde l'ile, il quitte alors son compagnon en cachette pour repartir avec le bateau.

CLÉS DE LECTURE

LE *LOGBOOK*

La construction du roman est caractérisée par des passages en *logbook* (journal de bord), quand Robinson écrit ses souvenirs et ses réflexions dans son journal intime. Ce procédé d'écriture utilisé par Michel Tournier permet d'entrer directement dans les pensées du personnage. On passe alors d'un récit en focalisation omnisciente ou zéro (c'est-à-dire que le narrateur sait tout des protagonistes et de l'histoire) à un récit en focalisation interne (c'est-à-dire que l'on perçoit l'histoire à travers le point de vue d'un personnage en particulier).

Dans ces passages en *logbook*, il y a également un changement de narrateur : ils sont écrits en « je », alors que le reste du texte est rédigé en « il ». Cette alternance permet de couper la linéarité du récit et d'impliquer davantage le lecteur.

De plus, les scènes où Robinson écrit dans son journal montrent l'importance de l'écriture pour l'homme, car c'est ce qui le distingue de l'animal. Quand Robinson écrit pour la première fois sur l'ile, « [i]l lui semblait soudain s'être à demi arraché à l'abîme de bestialité où il avait sombré et faire sa rentrée dans le monde de l'esprit en accomplissant cet acte sacré : écrire » (p. 44-45).

Par ailleurs, les scènes d'écriture sont aussi une sorte de mise en abyme (procédé d'écriture qui consiste à représenter une œuvre au sein d'une autre œuvre) de la création du roman : Michel Tournier écrit l'histoire de Robinson dans laquelle Robinson rédige lui-même son histoire.

UNE RÉÉCRITURE DU MYTHE

L'adaptation d'un succès

Vendredi ou les Limbes du Pacifique est une réécriture du roman *Robinson Crusoé* de Daniel Defoe.

ROBINSON CRUSOÉ

Robinson Crusoé est un livre publié en 1719 par Daniel Defoe. Son roman s'inspire librement de l'histoire d'Alexandre Selkirk (1676-1721), un marin écossais qui s'est retrouvé seul sur une ile, abandonné par son équipage, pendant quatre ans.

Le titre complet du roman de Defoe résume très bien son intrigue : *La Vie et les Aventures étranges et surprenantes de Robinson Crusoé de York, marin, qui vécut 28 ans sur une île déserte sur la côte de l'Amérique, près de l'embouchure du grand fleuve Orénoque, à la suite d'un naufrage où tous périrent à l'exception de lui-même, et comment il fut délivré d'une manière tout aussi étrange par des pirates. Écrit par lui-même.* Robinson Crusoé, livré à lui-même, rencontre durant son séjour un autochtone qu'il nomme Vendredi. Il vivra avec lui jusqu'à leur départ de l'ile, 28 ans après le naufrage de Robinson.

Dans son *Vendredi ou les Limbes du Pacifique*, Michel Tournier reprend assez fidèlement la fameuse histoire du Robinson Crusoé de Defoe, de son naufrage jusqu'à la rencontre de Vendredi. Les deux romans évoquent la grotte découverte par le héros, ainsi que tous ses efforts pour recréer une société civilisée : la construction de son habitation, la confection d'un calendrier, la culture du blé, la domestication des chèvres, etc. Les deux Robinson, chrétiens pratiquants, lisent la Bible pour s'occuper et ne pas oublier leur condition d'homme. Tous deux baptisent au départ leur nouvelle terre de façon négative, que ce soit « l'ile du désespoir » ou bien « l'ile de la désolation ».

Les deux auteurs retracent la rencontre de Robinson avec Vendredi et la relation qui s'ensuit, basée sur la confrontation de leurs cultures très différentes. Chez Tournier comme chez Defoe, après 28 années à vivre sur l'ile, un navire vient finalement leur apporter la possibilité d'une délivrance. Pour l'auteur anglais, il s'agit d'un navire de pirates, contrairement à Tournier qui voyait en ce navire un transport de marchandises. Une mutinerie éclate, ce qui pousse l'équipage à vouloir abandonner son capitaine sur l'ile. Robinson parvient à reprendre le contrôle du navire avec le capitaine, et peut enfin, à son grand soulagement, retourner en Angleterre. Il embarque son fidèle serviteur Vendredi avec lui.

L'œuvre de Tournier, malgré son apparente fidélité au roman de Defoe, diffère terriblement de celui-ci en renversant ce dernier épisode. Dans *Vendredi*, lorsqu'un navire s'arrête sur la plage, le héros parle longuement avec le capitaine avant de décider de ne pas le suivre, alors que dans *Robinson Crusoé*, le héros ne prend pas ce temps de réflexion et accepte immédiatement la proposition du capitaine.

Pourquoi modifier la fin du célèbre mythe ? Tournier, en prenant le contrepied de la décision initiale, retourne la situation de Robinson et modifie en réalité toute la problématique de Defoe.

Vendredi ou le thème de l'autre

Daniel Defoe avait fait de son *Robinson Crusoé* un roman de son temps. Robinson est un homme de la bourgeoisie anglaise moyenne, un commerçant organisé et pieux. Son séjour sur l'ile est l'occasion d'exalter les valeurs du xviiie siècle, qui précèdent la révolution industrielle. Defoe et son personnage Robinson sont issus d'une société en pleine mutation : les techniques d'artisanat se perfectionnent, la productivité est en pleine croissance, et la société commence à s'organiser autour de l'industrie selon une hiérarchie stricte.

Ainsi, Robinson, lorsqu'il se retrouve seul sur l'ile, tient à retrouver cette organisation. Lorsqu'il rencontre Vendredi, il prend naturellement la place du maitre, tandis que l'Indien occupe le rôle d'exécutant. Il apprend à Vendredi le mot « maitre » avant les termes « oui » et « non » : la priorité de Robinson n'est pas d'enseigner le libre arbitre à Vendredi (par le biais des outils « oui » et « non » avec lesquels Vendredi pourrait exprimer son désaccord, son opinion), mais bien de le domestiquer. Il lui apprend à le considérer comme supérieur, afin d'exercer son pouvoir sur lui.

Bien que proche de lui, il ne semble jamais le considérer comme un égal, mais bien comme une personne qu'il doit éduquer et convertir à ses propres valeurs. Il ne s'intéresse pas à son avis, ne semble pas même penser que Vendredi puisse opérer une véritable réflexion. D'ailleurs, lorsqu'il visite à nouveau l'ile, bien des années après l'avoir quittée, il se félicite de voir que les Espagnols (qui l'ont colonisée) la gouvernent bien et en font une colonie prospère. La glorification de la colonisation, chez Defoe, est donc prégnante tout au long de son œuvre – le XVIIIe siècle voit en effet l'ascension de l'Empire britannique.

Le *Robinson Crusoé* de Defoe illustre donc un système de valeurs bien précis, axé sur la puissance colonisatrice. Ce système sera vivement critiqué au XXe siècle, au cours duquel on commence à percevoir la colonisation du point de vue des terres colonisées. Les années 1960, au moment où *Vendredi* de Michel Tournier est publié, voient notamment naitre un mouvement de remise en question des valeurs occidentales et de son modèle économique, ce qui contribue à l'évolution de la mentalité et des mœurs occidentales. Cette pensée a inspiré l'auteur français pour son adaptation : l'histoire de Defoe connait une réactualisation critique sous la plume de Tournier, qui interroge la hiérarchie imposée naturellement par son ainé.

Le Robinson de Michel Tournier commence tout d'abord par vivre comme son modèle : il s'autoproclame gouverneur de l'ile et, plutôt que de s'adapter à son nouveau lieu de vie, il essaie d'adapter l'ile à sa vision occidentale de la civilisation. Lorsqu'il rencontre Vendredi, il entre dans une relation de domination/soumission et se comporte en colonisateur. Mais chez Tournier, la docilité de Vendredi pousse les envies dominatrices de Robinson à l'extrême : il donne des ordres absurdes pour le brimer, comme creuser un trou et le reboucher en en creusant un autre. De cette façon, Michel Tournier dénonce cette mentalité en mettant en évidence de façon choquante le côté raciste du personnage. Pour Robinson, Vendredi est sans esprit, il n'est qu'un « nègre », un homme de couleur qui ne comprend rien, etc.

Ce n'est que lorsque le Vendredi fait exploser la grotte que les rapports s'inversent. Robinson, qui se retrouve démuni, toute trace de civilisation ayant disparu, porte un nouveau regard sur son compagnon : il le voit enfin comme son égal et s'intéresse à son mode de pensée. C'est là où Michel Tournier se détourne foncièrement de Daniel Defoe, car son Vendredi apporte à Robinson un mode de vie épanouissant : la vie sauvage.

Robinson réalise alors que, depuis le début, le rôle de Vendredi a été de détruire les carcans dans lesquels il était enfermé depuis l'enfance et de l'amener à ce nouvel état : « Vendredi avait imperturbablement – et inconsciemment – préparé puis provoqué le cataclysme qui préluderait à l'avènement d'une ère nouvelle. » (p. 188) Vendredi est donc la clé du roman, ce qu'annonçait déjà le titre de Tournier : en intitulant son livre selon le prénom de Vendredi et non celui de Robinson, comme Defoe, Tournier met en valeur le rôle de Vendredi dans l'œuvre et dans la construction de Robinson.

La métamorphose de Robinson lui permet de s'éloigner

radicalement des valeurs occidentales qui l'emprisonnaient. Ainsi, lorsqu'un navire arrive pour le sauver, sa réaction est bien différente de celle du premier Robinson. Le personnage de Defoe ne possède aucun attachement à la nature. Il n'a pas été façonné par l'ile et perçoit son séjour comme un long exil, et non une renaissance et un réapprentissage de la vie. Aussi, il quitte l'ile sans regret, avec soulagement.

À l'inverse, le Robinson de Tournier se sent étranger à l'équipage du navire, qui n'est composé que de brutes déchainées. La vision du sauvage est subtilement détournée : le sauvage n'est plus incarné par l'homme de la nature (Vendredi), mais par les hommes de la civilisation (l'équipage). Il est aussi indifférent au discours du capitaine, qui lui parle de la guerre contre les insurgés américains. Robinson n'est plus intéressé par la conquête et la domination. Il écoute avec détachement le capitaine parler des profits du commerce triangulaire et des dernières techniques de navigation : le Robinson de Tournier n'est plus le personnage de son temps, marqué par les progrès industriels de son siècle. Il choisit donc de rester sur Speranza, le seul endroit qui lui semble désormais acceptable.

Le Robinson de Tournier a donc rompu avec de nombreuses valeurs occidentales : le puritanisme chrétien (il voue un culte païen au soleil à la fin du roman), le colonialisme (à travers le système de domination), mais aussi le travail comme accumulation de biens (puisqu'il découvre une forme de vie moins matérialiste après avoir tout perdu dans l'explosion), et même le temps, qu'il arrête à loisir en arrêtant la clepsydre. Ce retour à la nature, en opposition à la corruption de la civilisation, semble faire référence au mythe du bon sauvage.

LE MYTHE DU BON SAUVAGE

Le mythe du bon sauvage est né après la découverte de l'Amérique en 1492 par Christophe Colomb (navigateur génois, 1450-1506), alors que les Européens découvrent des hommes vivant au contact direct de la nature. Ces « sauvages » n'ont d'autres règles que celle d'une nature bienveillante, et mènent une existence heureuse et pacifique, hors du temps.

Cette vie idéalisée devient la source du mythe du bon sauvage, amplement diffusé au XVIIIe siècle lors des débats opposant nature et culture. Des intellectuels, dont Jean-Jacques Rousseau (écrivain et philosophe francophone, 1712-1778), évoquent cet âge d'or naturel comme supérieur à celui de l'homme civilisé. En pleine révolution industrielle, la société apparait comme corruptrice, alors que l'homme qui vit selon la nature ignore le matérialisme et la propriété privée, acceptant ainsi d'emblée l'égalité entre tous.

Ainsi, Robinson, qui représente la civilisation, est confronté à Vendredi, le représentant du monde naturel, et doit revenir à son état initial, antérieur à la civilisation. Il découvre alors une existence plus épanouie, heureuse et profondément libre.

LA MÉTAMORPHOSE DE ROBINSON

Dans son roman, Michel Tournier pose une question fondamentale : comment un homme survit-il seul sur une ile déserte ? Tournier répond à cette question en faisant subir au personnage une lente métamorphose qui passe par différentes phases :

- lorsqu'il échoue sur l'ile, Robinson se laisse d'abord aller au désespoir et à la souille : il se plonge dans des mares de boue et se comporte comme un animal ;
- pour s'en sortir et redevenir humain, il décide d'organiser sa vie selon des rythmes et des cérémonials bien précis, en donnant une place prépondérante à la religion et à la morale. Il s'accroche aux restes de sa civilisation et s'impose des règles strictes, presque absurdes : il construit, par exemple, une villa qui devient un véritable musée de l'humain où il ne peut entrer que le samedi soir, habillé dans des vêtements d'apparat. Il crée également un Conservatoire des poids et mesures pour ne pas oublier la taille des choses et une clepsydre afin de toujours savoir l'heure qu'il est.

Au fil du temps, un autre Robinson voit le jour, mais qui n'apparait que par intermittence, par exemple lorsque la clepsydre s'arrête et qu'il profite d'un moment d'innocence. La naissance de ce double, plus en accord avec la nature qu'avec la civilisation, se fait en plusieurs étapes :

- d'abord Robinson entre dans une période tellurique (centrée sur la terre), lorsqu'il découvre l'alvéole au fond de la grotte. Au cœur même de Speranza, il devient son fœtus, et l'ile s'épuise à le faire murir. Il sort de cette phase lorsqu'il éjacule dans l'alvéole et comprend ainsi qu'il est un homme mature. Il expérimente ainsi une seconde naissance ;

- il vit ensuite une période végétale en s'accouplant avec un arbre pendant plusieurs mois. Il s'arrête lorsqu'une araignée lui pique le sexe. Il retourne à cette pratique lorsqu'il découvre la combe rose, où il fait l'amour avec le sol, ce qui donne naissance à des mandragores. Il sort de cette phase lorsqu'il recueille Vendredi et redevient un homme civilisé, l'administrateur de l'ile, tout en ayant la nostalgie « de l'autre île qui sommeillait et se fortifiait secrètement en lui » (p. 153) ;

- lorsque Vendredi fait exploser la grotte et réduit à néant tous les efforts de Robinson, celui-ci découvre la liberté. Il devient l'élève de l'Indien et entre finalement dans le règne solaire. Il expose son corps nu aux rayons du soleil et se sent épanoui et purifié par l'astre du jour, qu'il considère comme un dieu. Cette renaissance était déjà annoncée par le cadavre du bouc, que Vendredi a transformé en cerf-volant : il peut enfin s'envoler et toucher le soleil, tout comme Robinson transcende sa condition pour épouser une nouvelle vie, proche de la nature, enveloppé par le soleil. Il accepte enfin son corps et sa condition d'insulaire.

Robinson expérimente donc une véritable renaissance sur l'ile. Redevenu fœtus dans l'alvéole, il redécouvre le monde différemment et parvient à évoluer au fil de ses aventures sur l'ile. Dépouillé de tout ce qui faisait de lui un vieil homme, il renait dans une nouvelle humanité et grandit jusqu'à devenir un homme mature, épanoui et sûr de lui.

Le titre *Vendredi ou les Limbes du Pacifique* fait donc référence à l'évolution de Robinson. Dans la religion catholique, les limbes représentent le séjour des innocents avant d'être sauvés par la Rédemption. C'est également, par extension, un état d'errance, d'incertitude. Robinson séjourne dans les limbes, il erre dans une ile hors du temps où tout est à reconstruire, à réapprendre, avant de renaitre comme un nouvel homme pur, revenu de ses erreurs.

LA PERSONNIFICATION DE L'ILE

En parallèle à sa métamorphose, la relation entre Robinson et l'ile évolue avec le temps, faisant de cet endroit le troisième personnage principal de l'histoire :

- lorsqu'il arrive sur l'ile et comprend son malheur, Robinson l'appelle spontanément « l'ile de la désolation », qui n'est pas sans rappeler « l'ile du désespoir » de Daniel Defoe ;
- petit à petit, il commence à associer le lieu à une femme, notamment lorsqu'il décide d'appeler l'ile Speranza d'après un texte de la Bible sur l'espérance, mais aussi parce que c'est un « nom mélodieux et ensoleillé qui évoquait en outre le très profane souvenir d'une ardente Italienne qu'il avait connue jadis quand il était étudiant à l'université d'York » (p. 45). Il remarque d'ailleurs que la carte de l'ile ressemble au corps d'une femme ;
- l'ile devient ensuite une véritable personne pour qui il

éprouve une attirance sexuelle : « Speranza n'était plus un domaine à gérer, mais une personne, de nature indiscutablement féminine, vers laquelle l'inclinaient aussi bien ses spéculations philosophiques que les besoins nouveaux de son cœur et de sa chair » (p. 101-102) ;

- quand Robinson se glisse dans l'alvéole au sein de l'ile, celle-ci prend le rôle de mère : « À ce degré de profondeur, la nature féminine de Speranza se chargeait de tous les attributs de la maternité. [...] Il se croyait dans les bras de sa mère » (p. 107) ;
- plus tard, lorsqu'il découvre la combe rose, avec laquelle il s'accouple, Speranza devient son épouse : « Désormais, avec la bénédiction de la Bible, un lien plus fort et plus intime l'attachait à Speranza. Il avait humanisé celle qu'il pouvait bien désormais appeler son épouse d'une façon incomparablement plus profonde que toutes les entreprises du gouverneur » (p. 138) ;
- quand il rencontre Vendredi et renoue avec l'humanité, il perd peu à peu ses élans sexuels envers Speranza et cesse d'ailleurs totalement de s'accoupler avec la terre lorsqu'il découvre que Vendredi fait de même. Finalement, il vit en symbiose avec l'ile lorsqu'il s'abandonne à la vie sauvage.

VENDREDI OU LA VIE SAUVAGE

Comme nous l'avons vu, Tournier offre une véritable réécriture du roman de Defoe, mais ne s'arrête pas là. En effet, à peine quatre ans après le succès de *Vendredi ou les Limbes du Pacifique*, l'auteur décide une nouvelle fois de réadapter le mythe – cette fois-ci à partir de son propre livre –, afin de le rendre accessible à un public plus jeune. Ainsi nait, en 1971,

Vendredi ou la Vie sauvage. C'est finalement cette version qui fera éclore la notoriété de Tournier, puisque celle-ci est encore aujourd'hui étudiée à l'école. *Vendredi ou la Vie sauvage* conserve la même intrigue que sa version antérieure tout en simplifiant le propos, si bien que l'auteur finira par préférer l'édition destinée aux plus jeunes :

> « Fini le charabia. Voici mon vrai style destiné aux enfants de 12 ans. Et tant mieux si ça plait aux adultes. Le premier Vendredi était un brouillon. Le second est propre ; j'ai simplifié un petit peu parce que j'ai trouvé que *Vendredi ou les Limbes du Pacifique*, c'était trop compliqué et même un peu vicieux, subtil, abstrait. » (cité par Dargent F., « Michel Tournier, un succès planétaire », in *lefigaro.fr*)

Si Tournier reproche à la première version d'être trop opaque, de nombreux intellectuels ont tout de même salué *Vendredi ou les Limbes du Pacifique*, comme le philosophe Gilles Deleuze (1925-1995), qui lui consacre une analyse entière : « Michel Tournier et le monde sans autrui » (in *Logique du sens, Appendices II*, Paris, Les Éditions de Minuit, 1969).

PISTES DE RÉFLEXION

QUELQUES QUESTIONS POUR APPROFONDIR SA RÉFLEXION...

- En quoi le roman de Michel Tournier se distingue-t-il de celui de Daniel Defoe ?
- Selon vous, les prévisions du capitaine Van Deyssel se sont-elles révélées exactes ?
- Quel a été le rôle de Vendredi dans la transformation de Robinson ?
- Expliquez pourquoi l'installation de Robinson sur l'ile retrace les différents stades de l'évolution de l'homme.
- En quoi peut-on dire que Vendredi est un être éolien ?
- Selon Michel Tournier, la vie sauvage représente-t-elle une évolution pour l'homme ou une régression ?
- Pourquoi, à un moment du récit, Robinson considère-t-il l'ile comme sa mère ?
- Que pensez-vous du choix de Robinson de rester sur l'ile à la fin de l'histoire ? Auriez-vous fait la même chose ?
- Comment Michel Tournier traite-t-il la sexualité de Robinson ? Qu'est-ce que cela apporte à l'histoire ?
- Pourquoi l'écriture est-elle importante pour Robinson ?

Votre avis nous intéresse !
Laissez un commentaire sur le site de votre librairie en ligne
et partagez vos coups de cœur sur les réseaux sociaux !

POUR ALLER PLUS LOIN

ÉDITION DE RÉFÉRENCE

- TOURNIER M., *Vendredi ou les Limbes du Pacifique*, Paris, Gallimard, coll. « Folio », 1972.

ÉTUDES DE RÉFÉRENCES

- DARGENT F., « Michel Tournier, un succès planétaire », in *lefigaro.fr*, 30 juillet 2013, consulté le 10 juillet 2017. http://www.lefigaro.fr/livres/2013/07/30/03005-20130730ART-FIG00563-michel-tournier-un-succes-planetaire.php
- DELEUZE G., « Michel Tournier et le monde sans autrui », in *Logique du sens, Appendices II*, Paris, Les Éditions de Minuit, 1969.

SUR LEPETITLITTÉRAIRE.FR

- Fiche de lecture sur *Vendredi ou la Vie sauvage* de Michel Tournier.

Retrouvez notre offre complète sur lePetitLittéraire.fr

- des fiches de lectures
- des commentaires littéraires
- des questionnaires de lecture
- des résumés

ANOUILH
- Antigone

AUSTEN
- Orgueil et Préjugés

BALZAC
- Eugénie Grandet
- Le Père Goriot
- Illusions perdues

BARJAVEL
- La Nuit des temps

BEAUMARCHAIS
- Le Mariage de Figaro

BECKETT
- En attendant Godot

BRETON
- Nadja

CAMUS
- La Peste
- Les Justes
- L'Étranger

CARRÈRE
- Limonov

CÉLINE
- Voyage au bout de la nuit

CERVANTÈS
- Don Quichotte de la Manche

CHATEAUBRIAND
- Mémoires d'outre-tombe

CHODERLOS DE LACLOS
- Les Liaisons dangereuses

CHRÉTIEN DE TROYES
- Yvain ou le Chevalier au lion

CHRISTIE
- Dix Petits Nègres

CLAUDEL
- La Petite Fille de Monsieur Linh
- Le Rapport de Brodeck

COELHO
- L'Alchimiste

CONAN DOYLE
- Le Chien des Baskerville

DAI SIJIE
- Balzac et la Petite Tailleuse chinoise

DE GAULLE
- Mémoires de guerre III. Le Salut. 1944-1946

DE VIGAN
- No et moi

DICKER
- La Vérité sur l'affaire Harry Quebert

DIDEROT
- Supplément au Voyage de Bougainville

DUMAS
• Les Trois
Mousquetaires

ÉNARD
• Parlez-leur
de batailles,
de rois et
d'éléphants

FERRARI
• Le Sermon sur la
chute de Rome

FLAUBERT
• Madame Bovary

FRANK
• Journal
d'Anne Frank

FRED VARGAS
• Pars vite et
reviens tard

GARY
• La Vie devant soi

GAUDÉ
• La Mort du
roi Tsongor
• Le Soleil des
Scorta

GAUTIER
• La Morte
amoureuse
• Le Capitaine
Fracasse

GAVALDA
• 35 kilos d'espoir

GIDE
• Les
Faux-Monnayeurs

GIONO
• Le Grand
Troupeau
• Le Hussard
sur le toit

GIRAUDOUX
• La guerre de
Troie
n'aura pas lieu

GOLDING
• Sa Majesté des
Mouches

GRIMBERT
• Un secret

HEMINGWAY
• Le Vieil Homme
et la Mer

HESSEL
• Indignez-vous !

HOMÈRE
• L'Odyssée

HUGO
• Le Dernier Jour
d'un condamné
• Les Misérables
• Notre-Dame
de Paris

HUXLEY
• Le Meilleur
des mondes

IONESCO
• Rhinocéros
• La Cantatrice
chauve

JARY
• Ubu roi

JENNI
• L'Art français
de la guerre

JOFFO
• Un sac de billes

KAFKA
• La Métamorphose

KEROUAC
• Sur la route

KESSEL
• Le Lion

LARSSON
• Millenium I. Les
hommes qui
n'aimaient pas
les femmes

LE CLÉZIO
• Mondo

LEVI
• Si c'est un
homme

LEVY
• Et si c'était vrai…

MAALOUF
• Léon l'Africain

MALRAUX
- La Condition humaine

MARIVAUX
- La Double Inconstance
- Le Jeu de l'amour et du hasard

MARTINEZ
- Du domaine des murmures

MAUPASSANT
- Boule de suif
- Le Horla
- Une vie

MAURIAC
- Le Nœud de vipères

MAURIAC
- Le Sagouin

MÉRIMÉE
- Tamango
- Colomba

MERLE
- La mort est mon métier

MOLIÈRE
- Le Misanthrope
- L'Avare
- Le Bourgeois gentilhomme

MONTAIGNE
- Essais

MORPURGO
- Le Roi Arthur

MUSSET
- Lorenzaccio

MUSSO
- Que serais-je sans toi ?

NOTHOMB
- Stupeur et Tremblements

ORWELL
- La Ferme des animaux
- 1984

PAGNOL
- La Gloire de mon père

PANCOL
- Les Yeux jaunes des crocodiles

PASCAL
- Pensées

PENNAC
- Au bonheur des ogres

POE
- La Chute de la maison Usher

PROUST
- Du côté de chez Swann

QUENEAU
- Zazie dans le métro

QUIGNARD
- Tous les matins du monde

RABELAIS
- Gargantua

RACINE
- Andromaque
- Britannicus
- Phèdre

ROUSSEAU
- Confessions

ROSTAND
- Cyrano de Bergerac

ROWLING
- Harry Potter à l'école des sorciers

SAINT-EXUPÉRY
- Le Petit Prince
- Vol de nuit

SARTRE
- Huis clos
- La Nausée
- Les Mouches

SCHLINK
- Le Liseur

SCHMITT
- La Part de l'autre
- Oscar et la Dame rose

SEPULVEDA
- Le Vieux qui lisait des romans d'amour

SHAKESPEARE
- Roméo et Juliette

SIMENON
- Le Chien jaune

STEEMAN
- L'Assassin habite au 21

STEINBECK
- Des souris et des hommes

STENDHAL
- Le Rouge et le Noir

STEVENSON
- L'Île au trésor

SÜSKIND
- Le Parfum

TOLSTOÏ
- Anna Karénine

TOURNIER
- Vendredi ou la Vie sauvage

TOUSSAINT
- Fuir

UHLMAN
- L'Ami retrouvé

VERNE
- Le Tour du monde en 80 jours
- Vingt mille lieues sous les mers
- Voyage au centre de la terre

VIAN
- L'Écume des jours

VOLTAIRE
- Candide

WELLS
- La Guerre des mondes

YOURCENAR
- Mémoires d'Hadrien

ZOLA
- Au bonheur des dames
- L'Assommoir
- Germinal

ZWEIG
- Le Joueur d'échecs

www.lepetitlitteraire.fr

ISBN version numérique : 978-2-8080-0015-4
ISBN version papier : 978-2-8080-0016-1
Dépôt légal : D/2017/12603/435

Avec la collaboration de Pauline Coullet pour les encarts « *Robinson Crusoé* » et « Le mythe du bon sauvage », ainsi que pour les clés de lecture « Une réécriture du mythe » et « *Vendredi ou la Vie sauvage* ».

Conception numérique : Primento,
le partenaire numérique des éditeurs.

Ce titre a été réalisé avec le soutien de la Fédération Wallonie-Bruxelles, Service général des Lettres et du Livre.